Regensburg

Reiseführer

*Der perfekte Reiseführer für einen unvergessli-
chen Aufenthalt in Regensburg inkl. Insider-
Tipps, Tipps zum Geldsparen und Packliste*

Mareike Blumberg

✈ INHALT

Das erwartet Sie in diesem Buch

Sie möchten einen unvergesslichen, schönen Urlaub in der Großstadt Regensburg erleben? Sie wissen aber noch gar nicht, was für tolle und aufregende Sehenswürdigkeiten auf Sie warten? Dann haben Sie jetzt aber Glück!

Sie halten gerade den perfekten Reiseführer in der Hand. Mit meinen Tipps werden Sie eine unglaublich schöne und aufregende Zeit in

Regensburg erleben! Sie können gespannt sein, was ich Ihnen alles über die Stadt Regensburg berichten und verraten werde. Übrigens ist Regensburg auch die Hauptstadt des Regierungsbezirks der Oberpfalz.

In diesem Buch warten jede Menge Insider-Tipps und versteckte Geheimorte auf Sie. Die Stadt Regensburg ist durch ihre vielen Sehenswürdigkeiten berühmt geworden. Auf Ihrer Reise dürfen Sie sich diese auf keinen Fall entgehen lassen.

Wenn Sie meine Tipps befolgen, können Sie die schönsten Seiten Regensburgs besichtigen und ganz nebenbei wunderschöne, einzigartige Fotos aufnehmen. So können Sie später Ihre Familie und Bekannten an der Reise teilhaben lassen.

Natürlich macht so ein Ausflug im schönen Regensburg auch hungrig und durstig. Was wäre der perfekte Reiseführer, wenn ich nicht auch für dieses Problem gesorgt hätte? Exklusiv hier in diesem Buch habe ich Ihnen die

leckersten und empfehlenswertesten Restaurants zusammengeschrieben. Außerdem finden
Sie noch viele weitere hilfreiche Tipps, zum Beispiel, wie Sie am besten an- und abreisen können. Welche Führungen Sie auf keinen Fall verpassen dürfen, wenn Sie schon einmal in der Regensburger Großstadt sind und vieles mehr. Ich
wünsche Ihnen viel Spaß beim Lesen und einen
unvergesslich schönen Aufenthalt in Regensburg.

Die Geschichte von Regensburg

Regensburg kann auf eine mehr als 2.500 Jahre alte Geschichte zurückblicken und gehört somit zu den ältesten Städten Deutschlands.

Ich habe alles Wichtige zusammengefasst, damit auch Sie die Geschichte kennenlernen können und Ihre Reise losgehen kann.

Seit der Steinzeit ist das Gebiet rund um Regensburg besiedelt. Die Stadtgeschichte selber fing im Jahre 79 n. Chr. an, als ein Kohortenkastell zur Bewachung von Naab und Regenmündung erbaut wurde. Im Jahre 175 wurde ein Legionslager, dass „Castra Regina" genannt wurde, gebaut. Castra Regina kommt aus dem lateinischen und wurde zu dem Namen der Stadt Regensburg übersetzt. Bis heute kann man im Steinbau des Lagers das Stadtbild erkennen. Die steinerne Inschrift gilt als Gründungsurkunde Regensburgs. Es gibt auch jetzt noch in der Nähe des Bahnhofes ein Ärztehaus, das den Namen „Castra Regina Center" trägt.

Regensburg ist eine Großstadt, die in Ostbayern liegt und die Hauptstadt des Bezirks der Oberpfalz ist. Laut dem Stand von 2018 hatte Regensburg 150.894 Einwohner und gehört somit zu der viertgrößten Stadt Bayerns. Sie ist durch ihr gut erhaltenes, mittelalterliches Zentrum bekannt und hat schon einiges erlebt, angefangen von Kelten und den Römern, bis zum Zweiten Weltkrieg. Die Innenstadt ist trotz des Zweiten Weltkrieges noch sehr gut erhalten.

Somit können Sie auf Ihren Ausflügen rund 1.400 mittelalterliche Gebäude in romanischer und gotischer Architektur bestaunen. Seit 2006 gehört die Stadt Regensburg auch zum Weltkulturerbe der UNESCO. Bevor ich Ihnen hier aber die ganze Geschichte verrate, besuchen Sie einfach selbst die ganzen tollen sehenswerten Museen in Regensburg. Dort werden Sie ausführlich informiert und bekommen vieles zu Gesicht.

Anreisemöglichkeiten

Sie haben sich entschieden nach Regensburg, in die viertgrößte Stadt Bayerns, zu reisen? Dann haben Sie sich bestimmt auch schon die Frage gestellt, wie Sie am besten Anreisen können. Ich habe Ihnen hier drei Möglichkeiten zusammengeschrieben, wie Sie am einfachsten in die Stadt kommen.

ANFAHRT MIT DEM FERNBUS

Es bieten sich eine An- oder Abreise mit dem Fernbus an. Dieser Bus hält in der Nähe des Regensburger Hauptbahnhofs. Sie befinden sich dann an der Haltestelle *Bahnhofstraße 16*. Sicherlich möchten Sie nach so einer Reise erst Ihr Gepäck in Ihr gebuchtes Hotel verstauen. Keine Sorge, es gibt vor dem Regensburger Bahnhof einige Taxifahrer, die Sie gerne in Ihr Hotel bringen. Wenn Sie aber einmal am Regensburger Hauptbahnhof angekommen sind, haben Sie das gröbste schon hinter sich, denn von hier aus kommen Sie überall einfach und bequem zu Fuß hin.

ANFAHRT MIT DER BAHN

Am besten reisen Sie mit einem Schnellzug oder mit den Regionalbahnen nach Regensburg. Der Hauptbahnhof ist sehr übersichtlich und befindet sich in der historischen Altstadt. Im Hauptbahnhof können Sie auch an einen Infostand gehen, dort finden Sie einen Mitarbeiter. Dieser steht Ihnen bei auftauchenden Fragen gerne zur Verfügung. Sie finden an dem Stand auch kleine Reisebroschüren, diese stehen Ihnen kostenlos zur Verfügung. Das Beste allerdings ist es, wenn Sie mit dem Zug ankommen, können Sie sofort zu Fuß die ersten Sehenswürdigkeiten besuchen.

Mein Tipp: Egal ob Sie mit dem Fernbus oder mit der Bahn anreisen, ist der Regensburger Bahnhof Ihre Endstation. Ich habe hier ein super Hotel, das ich Ihnen empfehlen kann, und das Beste ist – Sie erreichen es bequem zu Fuß. *Das Star Inn Hotel Regensburg*, es befindet sich in der *Bahnhofsstraße 22, 93047 Regensburg*. Dieses Hotel hat es auch in meine Kategorie „Beste Hotels in Regensburg" geschafft.

ANFAHRT MIT DEM AUTO

Natürlich können Sie die wunderschöne Stadt Regensburg auch ganz bequem mit dem Auto erreichen. Es bieten sich dafür sehr gute Autobahnanbindungen an. Die Autobahn A 3: Köln-Frankfurt-Nürnberg-Regensburg-Passau-Wien. Oder die Autobahn A 93: München-Regensburg-Weiden-Hof-Dresden-Berlin. Auch über die Bundesstraßen: B 8, B 15, B 16

Die besten Hotels in Regensburg

Es gibt so vieles in der großen Stadt Regensburg zu entdecken.

Nicht nur beeindruckende Sehenswürdigkeiten kann Ihnen diese Stadt bieten. Es gibt auch tolle Museen, aufregende Freizeitbeschäftigungen, aber auch die Natur in Regensburg ist wunderschön. Dass alles schaffen Sie natürlich nicht an einem Tag. Aber keine Sorge! Ich verrate Ihnen hier meine besten Hotels, die ich

Ihnen nur empfehlen kann.

EUROSTARS PARK HOTEL MAXIMILIAN, 4-STERNE-HOTEL

Maximilianstraße 28, 93047 Regensburg

Das Hotel wurde in klassischer Architektur und mit palastartiger Dekoration gebaut. Es glänzt mit seinen guten Kundenbewertungen und Kundenservice wird hier ganz großgeschrieben. Gleich beim Einchecken nach Ihrer langen Reise werden Sie freundlich mit einer Wasserflasche Empfangen. Nach dem Aufstehen brauchen Sie sich auch keine Gedanken um ein Frühstück zu machen, denn das gibt es kostenlos dazu. Das Hotel ist noch dazu ein echtes Wahrzeichen in der Stadt und befindet sich nur 250 Meter vom Hauptbahnhof entfernt. Einfach perfekt, wenn Sie mit der Bahn, dem Zug oder mit dem Fernbus verreisen.

STAR INN HOTEL REGENSBURG, 3-STERNE-HOTEL

Bahnhofstraße 22, 93047 Regensburg

Dieses Hotel liegt ebenfalls direkt am Hauptbahnhof und am Busbahnhof. Außerdem haben Sie nur wenige Gehminuten zur Regensburger Altstadt. Nach einem langen Ausflug können Sie Ihre Seele baumeln lassen und es sich in der Whirlpool-Suite gemütlich machen. Ein weiterer Pluspunkt geht an das superleckere Frühstück, das Sie in diesem Hotel angeboten bekommen. Es steht Ihnen nichts mehr im Wege. Sie haben danach den perfekten Start für einen neuen aufregenden Tag im schönen Regensburg.

GARNI-HOTEL IBIS REGENSBURG CITY, 3-STERNE-HOTEL

Furtmayerstrasse 1, 93053 Regensburg

Das Garni-Hotel Ibis bietet Ihnen nicht nur von außen, sondern auch von innen eine mittelalterliche Kulisse und das Flair des UNESCO-Welterbes an. Auch dieses Hotel liegt nur wenige Gehminuten vom Hauptbahnhof entfernt. In diesem Hotel haben Sie auch die Möglichkeit, wenn Sie mit dem Auto angereist sind, es gegen eine kleine Gebühr sicher auf dem Außenparkplatz oder in der Tiefgarage unterzustellen.

Parken in Regensburg

Falls Sie sich dafür entschieden haben mit dem Auto nach Regensburg zu reisen, kommt bei Ihnen bestimmt eine weitere Frage auf. Wo stelle ich mein Auto während meiner Urlaubszeit ab?

Kein Problem – auch dafür habe ich ein paar Tipps im Angebot, denn es bietet leider nicht jedes Hotel einen Unterstellplatz an.

PARKHAUS AM DACHAUPLATZ

Dieses Parkhaus ist 24 Stunden für Sie geöffnet. Es befindet sich in der *Dr.-Martin-Luther-Straße 2* und bietet 715 Parkmöglichkeiten für Pkws. Diese werden auf 6 Parkebenen verteilt. Sie brauchen also keine Sorge haben, dass Sie keinen Parkplatz erwischen. Das Parkhaus liegt in der Umweltzone und kann daher nur mit einer grünen Feinstaubplakette befahren werden.

Die erste Stunde können Sie kostenlos parken und danach kostet jede angefangene halbe Stunde 0,90 €. Wenn Sie Ihr Auto einen ganzen Tag unterstellen möchten, betragen die Kosten 11,00 €. An Sonn- und Feiertagen gelten andere Regelungen. Auch hier ist die erste Stunde kostenlos. Bis zu 2 Stunden können Sie für 1,80 € parken. Wenn Sie über 2 Stunden bis zu 3 Stunden Ihr Auto unterstellen 3,60 €. Nach über 3 Stunden zahlen Sie 5,00 €.

> Kleiner Tipp! Wenn Sie Ihr Parkticket erhalten, gilt dies als Busticket für die RVV-Innenstadtzone und es können bis zu 5 Pers. mit-fahren.

PARKHAUS REGENSBURG ARCADEN

Das Parkhaus in den Arcaden finden Sie in der *Friedenstraße 23.* Hier können Sie 1 Stunde kostenlos parken. Jede weitere Stunde müssen Sie eine Gebühr zahlen. Sie kommen aber nie auf einen höheren Betrag als 3,50 €. Ein Tagesticket am 2. Tag kostet Sie 6,00 €, und wenn Sie vorhaben Ihr Auto 3 Tage infolge stehen zu lassen 9,00 €. Dieses Parkhaus hat 24 Stunden für Sie geöffnet und bietet 1500 Parkplätze an.

PARKHAUS PETERSWEG

Sie besitzen ein Elektroauto? Auch das ist kein Problem. Im *St.-Peters-Weg 15* finden Sie auch für Ihr Auto eine Unterstellmöglichkeit. Dieses Parkhaus ist ebenfalls die erste Stunde kostenlos und danach gebührenpflichtig. Je angefangene Stunde zahlen Sie 0,90 € und kommen hier nicht höher als 11,00 €. An Sonn- und Feiertagen kommt es auch hier wieder zu anderen

Preisen, die aber nicht höher als 5,00 € gehen. In diesem Parkhaus werden 560 Parkmöglichkeiten angeboten. Außerdem gilt auch hier, wie bei meinem ersten vorgestellten Parkhaus, dass das Parkticket als ein Busticket bei den RVV Bussen gilt. Auch hier können bis zu 5 Personen mitfahren und gilt für die Innenstadtzone.

Die „Glücks-Hauptstadt"

Sie fragen sich sicher, was für Menschen überhaupt in so einer Großstadt leben. Wie sind sie drauf? Leben sie gerne in Regensburg?

Laut einer Umfrage des privaten Fernsehsenders VOX wurde ermittelt, dass Regensburg die glücklichste Stadt in Deutschland sei. Es wurden insgesamt 11.173 Personen in allen Bundesländern befragt.

Auf die Frage „Wie glücklich sind Sie?" antworteten 61 Prozent, sie sind *„sehr glücklich"* und 26 Prozent mit *„glücklich"*. Somit gewann Regensburg den ersten Platz und Oldenburg belegt den zweiten Platz, für den Titel Glückshauptstadt. Sie fielen besser aus als München, Hamburg oder Berlin. Hätten Sie das gedacht?

Eine weitere Umfrage stellte heraus, dass die Regensburger ihre Heimatstadt als sehr attraktiven Wohnort bezeichnen. Außerdem ergab die Umfrage, dass 77 % der Befragten, sich für sich eine optimistische und glückliche Zukunft in Regensburg vorstellen können. 84 Prozent verraten, dass sie glücklich mit der Freizeitgestaltung in der Großstadt sind. Die Stadt Regensburg bietet ihren Bewohner und Gästen zum Beispiel auch einen Fahrrad- und Elektroroller-Verleih an. Die Umfrage ergab auch, dass die Leute gerne in Regensburg wohnen und die Arbeitslage auch in Ordnung ist.

In Regensburg leben viele Studenten, da es in dieser Stadt drei Hochschulen gibt. Die

Ostbayerische Technische Hochschule Regensburg (OTH), die *Universität Regensburg* und die *Hochschule für Katholische Kirchenmusik und Musikpädagogik Regensburg*.

Auf unsere Frage, ob die Einwohner gerne in Regensburg leben, haben wir nun ein klares Ergebnis bekommen.

Sprichwörter

Wussten Sie, dass es alte Sprichwörter gibt, die aus Regensburg stammen? Diese Redewendungen haben bestimmt auch Sie schon einmal verwendet.

DAS GELD ZUM FENSTER HINAUSWERFEN

Oder ganz einfach gesagt – verschwenderisch mit Geld umgehen. Diese alte Redewendung entstand am alten Rathaus in Regensburg. Dort gibt

es ein Fenster, an dem der Kaiser früher stand. In diesem Rathaus fanden in den Jahren 1663 bis 1806 immerwährende Reichstage statt und bezeichnete die Ständevertretung im Heiligen Römischen Reich. Der Kaiser warf von dem Fenster für die Armen im Volk immer Münzen heraus. Da es aber die Steuergelder der Bürger waren, sagten sie zu Recht: „Er wirft das Geld zum Fenster hinaus". Und so entstand vermutlich diese Redensart in Regensburg.

Es wird aber auch behauptet, dass Tahles von Milet, der 624-546 v. Chr. lebte, das Geld aus dem Fenster geworfen haben soll. Aber dieses Mal nicht aus dem Fenster in unserem alten Rathaus, sondern über eine Jauchegrube. Er fiel selber in diese Grube und wurde von den Mitmenschen ausgelacht. Nun war Tahles von seinen Bürgern erniedrigt worden und brachte sie dazu, selbst des Geldes wegen in die Grube zu springen. Und so entstand dieses alte Sprichwort. Faszinierend oder nicht?

ETWAS AUF DIE LANGE BANK SCHIEBEN

Diese Redewendung hat ihren Ursprung aus dem Immerwährenden Reichstag in Regensburg. Die „lange Bank" waren Sitztruhen, auf denen die Gesandten während eines Entscheidungsprozesses warten mussten. In diesen Truhen wurden die mitgebrachten Akten verstaut und später wieder herausgeholt und bearbeitet. Manchmal dauerte so ein Prozess so lange, dass die Akten dort vergessen wurden.

Unsere Redensart „etwas auf die lange Bank schieben" bedeutet also, etwas so lang wie möglich hinauszuzögern.

Sehenswürdigkeiten

Jetzt haben wir aber genug über die Geschichte Regensburgs, den Menschen und ihrer Unterkunft geredet. Sie wollen sicher endlich wissen, welche Sehenswürdigkeiten Sie auf gar keinen Fall verpassen dürfen, wenn Sie diese aufregende Großstadt besuchen.

DIE STEINERNE BRÜCKE

Eines der besonderen Wahrzeichen ist die *Steinerne Brücke*. Der Baubeginn dieser mittelalterlichen Brücke war im Jahre 1135. Die Brücke ist 336 Meter lang, 8 Meter breit und ca. 15 Meter hoch. Insgesamt hat sie 16 offene Bögen, davon sehen Sie allerdings nur 14.

Die Donaubrücke war die einzige Brücke zwischen Wien und Ulm. Sie wurde gebaut, damit eine Verbindung von Fernhandelswegen aus dem Süden mit Absatzgebieten im Norden besteht. Regensburg profitierte damit von den Zolleinnahmen von dem Fernhandel. Dies war aber nicht der einzige Grund. Es war nun auch leichter, ein Handel mit dem nördlichen Umland zu haben.

Die Steinerne Brücke gehört bis jetzt zu den ältesten erhaltenden Brücken in ganz Deutschland. Nicht viele können behaupten, einmal auf der ältesten Brücke Deutschlands gestanden zu sein. Es ist also ein absolutes Muss, die Steinerne Brücke besucht zu haben.

Im 20. Jahrhundert wurde die Steinerne Brücke durch fehlerhafte Abdichtung und durch die schwere Belastung der Straßenbahnen und Gelenkbusse beschädigt. Wegen ihrer Beschädigungen wurde 2010 bis 2018 die Pfeiler der Brücke erneuert und saniert und zur Fußgängerzone gemacht. Nun verbindet die Brücke den Stadtteil *Stadtamhof* mit der *Altstadt*.

Die Steinerne Brücke ist neben dem Regensburger Dom ein sehr bedeutendes Wahrzeichen. Wenn Sie auf dieser Brücke stehen, können Sie den perfekten Ausblick über das Südufer der Donau genießen. Außerdem können Sie wunderschöne Fotos für die Erinnerung festhalten.

DER ST. PETER DOM REGENSBURG

Wenn Sie in der Innenstadt unterwegs sind, dürfen Sie keinesfalls den Dom verpassen. Er wurde nach dem heiligen Petrus benannt und ist die bedeutendste Kirche und Kathedrale des Bistums Regensburgs.

Die Errichtung des Bistums durch den

heiligen *Bonifatius* führt bis ins Jahr 739 zurück. Bis 975 wurden von dort die Ämter *Abt* der *Benediktinerabtei St. Emmeram* und des *Bischofs von Regensburg* gleichzeitig ausgeübt. Er wählte als Bischofsresidenz den Bereich der Porta Praetoria und war das Nordtor des alten Römerkastells. Dieser Dombezirk wurde nie wieder geändert.

Leider brannte es in den Jahren 1156 und 1172 zweimal im Dom, aber es wurde so gut wie möglich alles wiederhergestellt. In den Jahren 1272 und 1273 brannte es erneut und der Dom wurde endgültig zerstört.

Daraufhin wurde der Dom mehrere mal neu aufgebaut. Er wird bis heute immer wieder renoviert. Momentan werden die Salzsteine ausgetauscht, die sich in all den Jahren verfärbt haben.

Aber keine Sorge, Sie können trotz der Renovierungen die Kirche während den Öffnungszeiten kostenlos besichtigen. Sie haben aber auch die Möglichkeit gegen eine Gebühr von 6 €

eine 75-minütige Führung zu buchen, dann wird Ihnen alles genauestens erklärt. Wenn Sie in Regensburg sind, müssen Sie in dieser sehenswerten Kirche gewesen sein. Sie können auch ohne eine Führung in den Keller der Kirche und in aller Ruhe alles anschauen. Hier finden Sie die Gräber der Bischöfe und es existieren noch alte Knochen, die Sie in den Schaufenstern betrachten können.

Im Dom ist es strengstens verboten Fotos zu machen oder die Kirche mit einer Mütze zu betreten. Es ist auch darauf zu achten, immer leise zu sein.

Im St. Peter Dom sind die Regensburger Domspatzen sehr bekannt und spielen in ihrem Chor tausendjährige Geschichten. Sie würden gerne etwas von den Domspatzen hören? Es werden immer wieder Konzerte veranstaltet und Sie können sehr gerne zuhören. Für 29,80 € pro Person können Sie sich Tickets für das Konzert besorgen. Ich empfehle Ihnen diese Chance zu nutzen. Sie werden es nicht bereuen. Es ist ein einmaliges Erlebnis, diesem Gesang zuzuhören.

DIE EISERNE BRÜCKE

Wenn Sie im westlichen Teil Regensburgs unterwegs sind, dann können Sie die Eiserne Brücke besuchen.

Sie wurde das erste Mal im Jahre 1863 gebaut und trug damals schon ihren bekannten Namen. Damals sah die Brücke jedoch anders aus als jetzt, denn es war noch eine Holzbrücke.

1940 zu Beginn des Zweiten Weltkrieges hatte die Brücke bereits leichte Schäden, doch 4 Jahre später wurde sie durch einen Bombentreffer noch mehr zerstört. Letztendlich wurde sie dann von einer deutschen Truppe gesprengt.

Die Eiserne Brücke, die Sie jetzt besichtigen können, wurde 1988 bis 1991 gebaut. Sie hat eine Gesamtlänge von 82 Metern und ist 16 Meter breit.

Durch den Bau dieser Brücke ist nun die Altstadt mit der *Unteren Wöhrd* verbunden und kann bequem zu Fuß überquert werden.

Wenn Sie die Eiserne Bücke in Regensburg überqueren, wird Ihnen bestimmt noch etwas anderes ins Auge fallen.

Viele verliebte Paare lassen sich vor der Anreise ein Schloss anfertigen, auf dem ihre Namen und ihr Datum steht. Das Schloss wird dann gemeinsam an die Eiserne Brücke gehängt und der Schlüssel in die Donau geworfen. Es soll als Symbol ihrer ewigen Liebe stehen.

Die Stadt Regensburg musste leider schon einmal einige Liebesschlösser abzwicken, da sie das Rosten angefangen haben und dies leider schlecht für die alte Brücke ist.

Mein Geheimtipp: Wenn Sie mit Ihrem Partner auch ein Liebesschloss an die Brücke hängen möchten, und welches ein Leben lang an der Brücke hängen bleiben soll, dann machen Sie einfach um den Metallring Plastik drum herum, denn so kann es nicht das Rosten anfangen.

Aber nicht nur die Schlösser der Liebe sind einen Ausflug auf die Brücke wert. Nein – Auf der Eisernen Brücke haben Sie auch den perfekten Ausblick auf die schnell fließende Donau.

Der perfekte Platz, um ein paar wunderschöne Bilder mit Ihrer Kamera festzuhalten. Lassen Sie sich den Wind ins Gesicht wehen und genießen Sie die atemberaubende Aussicht.

GEDENKSTÄTTE WALHALLA

Die Walhalla in Regensburg ist im Stil des Parthenon gebaut. Es ist ein Gedächtnisort für Ludwig I, König von Bayern, im östlichen Teil der Stadt. Viele deutsche Männer und Frauen starben wegen der Niederlage gegen Napoleon. Gegen einen Eintrittspreis von 4,50 € pro Person können Sie in das Innere der Walhalla gehen. Dort befinden sich Statuen und Büsten, die Sie besichtigen können. Es gibt einen kleinen Rundgang und Sie können sich die Geschichte erzählen lassen. Es reicht aber auch vollkommen aus, sich auf den großen Stufen der

Walhalla zu entspannen und den Ausblick auf das Donautal zu genießen. Hier oben haben Sie auch einen fabelhaften Ausblick auf ganz Regensburg und können superschöne Fotos für sich und für die Familie als Erinnerung festhalten. Besonders bei Sonnenuntergang werden Sie diesen Ausflug nicht so schnell vergessen. Auch ein schönes entspanntes Picknick mit Blick auf die wunderschöne Natur ist den Ausflug wert. Den Ticketverkauf finden Sie in der *„Thundorferstaße 6 in Regensburg".*

Mein kleiner Tipp: Direkt an der Donau gibt es einen Ticketverkauf für eine Schiffsfahrt. Dieses Schiff bringt Sie direkt zur Gedenkstätte und es wird Ihnen auch vieles über die Geschichte und die Entstehung erzählt. Es ist ein tolles Erlebnis, außerdem können Sie sich ein wenig ausruhen und sich ein kühles Getränk auf der Bootsfahrt zur Walhalla gönnen. Es gibt auch sehr leckeren Kuchen und Kaffee an Bord.

SCHLOSS ST. EMMERAM

Das Schloss St. Emmeram, auch Schloss Thurn und Taxis genannt, ist das Schloss des Fürstenhauses. Es ist nach den Umbauten Ende des 19. Jahrhunderts aus dem Kloster St. Emmeram entstanden. Als Entschädigung, für die Abtretung der Postrechte im Jahre 1810 bis 1880 vom Königreich Bayern, wurde alles, was das umfangreiche Gebäude hatte, dem Kloster Sankt Emmeram übergeben.

Damals besaß es einen dreiflügeligen Konvent-Bau mit einem Kreuzgang und einer Klosterküche. Auch besaß es ein wunderschönes Treppenhaus, das wie aus einem Bilderbuch aussah. Außerdem schmückten noch drei weitere Säle das alte Klostergelände im 8- Jahrhundert. Der Löwensaal, den Kapitelsaal und der Bibliothekssaal.

Die Gruftkapelle der Fürsten von Thurn und Taxis wurde im Jahre 1836 bis 1841 im Stil der Neugotik gebaut und ging bis in den Garten des Kreuzganges. Die Gruftkapelle diente als fürstliches Mausoleum.

Bis heute werden hier noch Fürst und Fürstin von Thurn und Taxis und deren unverheiratete Kinder beerdigt.

Im Marstall wurden nicht nur Pferde und Kutschen untergebracht, sondern es wurde auch für Aufführungen und Wettkämpfe trainiert. Diese haben auch im Innenhof stattgefunden. Den Marstall und die Schatzkammer können Sie ohne Führung besuchen. Die Türen sind vom 17. Mai bis Mitte Oktober geöffnet. Der Eintrittspreis hierfür bei 4,50 € pro Person. Wenn Sie vorhaben das Schloss zu besuchen, schauen Sie am besten im Internet nach den Öffnungszeiten, denn das Schloss hat nicht immer geöffnet und kann nur mit einer Führung besichtigt werden.

Es gibt zwei Führungsmöglichkeiten und Sie können selbst entscheiden, welche Sie mehr anspricht. Entweder Sie buchen eine Premiumführung, diese kostet Sie dann regulär 13,50 € pro Person und geht 90 Minuten oder Sie wählen die

Kompaktführung. Die Kompaktführung ist die kleinere Variante und geht 60 Minuten. Der Preis hierfür beträgt 10 € pro Person.

Egal für welche Führung Sie sich entscheiden werden, eins ist sicher: Es warten jede Menge aufregende Eindrücke auf Sie.

Zum Residenzschloss, so wie Sie es jetzt zu sehen bekommen, kam es erst nach einem Umbau im Jahre 1883 bis 1888. Bis alles komplett umgebaut war, betrugen die Baukosten 2.100.500 Mark.

Die Umbauten waren für das Regensburger Handwerk und Kunstgewerbe perfekt, denn so hatten sie in dieser schweren Arbeitslage eine sichere Arbeit. Im 20. Jahrhundert ging es mit Erweiterungsbauten weiter. 2005 wurde der Innenhof überdacht und die ehemalige Remise des Schlosses zu einer Gasthausbrauerei.

In dieser Brauerei können Sie mit einem fantastischen Blick auf die Fürstenallee eine kurze Pause einlegen. Hier können Sie sich etwas zum Essen und Trinken bestellen.

Im Museum können Sie als Nächstes die Prunk-
räume besichtigen. Dort finden Sie alte Wand-
teppiche aus der Brüsseler Zeit. Sie befinden
sich noch genau auf derselben Stelle wie zur da-
maligen Zeit. Es gibt auf dem Boden eine Mar-
kierung, die Sie bitte nicht übertreten sollten.

Auch den erhaltenen Kreuzgang können Sie
bei der Führung bestaunen. Es wird Ihnen auch
genaustens von einer Führungsleitung die kom-
plette Geschichte und die Entstehung erzählt.
Diese Führungskraft zeigt Ihnen auch viele Ar-
chitekturen und alte Wohnstile. Ich persönlich
kann Ihnen diese Führung sehr empfehlen, denn
Sie werden viel Neues lernen und auch hier eine
Reise in die Vergangenheit miterleben.

Auf mehrere Etagen verteilt, bekommen Sie
einen Einblick, wie die Fürsten früher gelebt haben. Es wurde den Fürsten und Fürstinnen je-
weils eigene Etagen zugeteilt. Diese durften
nicht verlassen werden. Das Schlafen im selben
Bett war strengstens verboten! Bei dieser Regel
gab es nur eine Ausnahme, das war der

Kinderwunsch.

Bei der Rundführung wird Ihnen außerdem ermöglicht die Schlafräume, einen Freizeitraum und eine Bibliothek anzuschauen. Auch hier gibt es wieder Markierungen auf dem Boden und ich bitte Sie diese einzuhalten. Damit es auch in Zukunft noch weiter solche Führungen gibt. Es ist am Ende des 18. Jahrhundert noch ein Schlosspark entstanden, dieser ist jedoch nicht frei zugänglich.

Es finden jedoch immer wieder Veranstaltungen im Park des Innenhofes statt. Jedes Jahr im Juni gibt es eine Gartenschau und die Thurn und Taxis Schlossfestspiele werden veranstaltet. Seit 2001 wird in der Weihnachtszeit der *Romantische Weihnachtsmarkt Schloss Thurn und Taxis* veranstaltet. Dieser wird jedes Jahr persönlich von der Fürstin eröffnet. Wenn Sie in der Winterzeit in Regensburg sind, müssen Sie diesen Weihnachtsmarkt unbedingt besuchen. Es ist ein tolles Erlebnis für die ganze Familie.

DAS ALTE RATHAUS IN REGENSBURG

Das alte Rathaus finden Sie am *Rathausplatz 1.* In diesem mittelalterlichen Rathaus, das Mitte des 13. Jahrhunderts gebaut wurde, hat nun der Oberbürgermeister von Regensburg seinen Sitz.

Der Rathausplatz besitzt ein Reichssaalgebäude und einen Portalbau. In den Gebäuden werden Sie nur noch das Standesamt vorfinden. Wenn Sie in den Reichssaal gehen, werden Sie im Erdgeschoss eine Touristeninformation finden. Dort können Sie Flyer mitnehmen oder Führungen buchen. Es gibt auch eine spannende Führung für das alte Rathaus. Hier können Sie das Kurfürstenzimmer, den Saal der Reichsversammlung und die noch originale Folterkammer anschauen. Am *Dachauplatz,* ca. 500 Meter östlich, finden Sie das neue Rathaus. Dort befindet sich nun die restliche Stadtverwaltung. Wenn Sie sich für das Museum und die Geschichte der Regensburger Reichstage interessieren, finden Sie diese im Portalbau. Was Sie auch noch interessieren könnte, ist im alten Rathaus der Rathaushof. Dort können Sie den Venusbrunnen vom Jahre 1661 in Regensburg besichtigen. Sie werden im Innenhof auch Figuren finden, die eigentlich für die Portale der *Heiligen Dreifaltigkeit Kirche* gebaut wurden. Jedoch sind die Statuen zu groß geraten und konnten dort nicht aufgestellt werden. Dafür können Sie die jetzt im Innenhof begutachten.

Ein zweistöckiges Reichssaalgebäude das südwestlich an das Rathaus angebaut worden ist, wurde für Versammlungen genutzt. Hier wurden Feste gefeiert und ordentlich getanzt.

Ihnen werden bestimmt die beiden bewaffneten Halbfiguren, *Schutz und Trutz* genannt, auf dem Spitzbodenportal auffallen. Auch die Stadtschlüssel sind abgebildet und symbolisieren die Wehrhaftigkeit der Stadt Regensburg. Das Portal wurde zu einem echten Wahrzeichen der Stadt. Während der Reichstage, die nur noch in Regensburg stattfanden, war der Kaiser anwesend. Er nutzte den hochgotischen Erker an der Fensterfront des Reichssaales, um sich den Bürgern zu zeigen.

Meine Insidertipps
für Ausflüge

G erne verrate ich Ihnen meine Insider
Ausflugtipps, die Sie sicher nicht in jedem Reiseführer finden werden.

DIE LEGIONSLAGERMAUER

179 n. Chr. wurde ein rechteckiges 540 x 450
Meter großes Standlager in Regensburg gebaut.
Das Kastell wurde von mächtigen Türmen

umschlossen, die mit Quadersteinen gebaut wurden. Vor diesem Legionslager war ein breiter Graben. Es lebten ca. 6000 Soldaten in diesem Lager.

Wenn Sie im Parkhaus Dachauplatz geparkt haben oder in der Nähe vom Dauchauplatz sind, können Sie ein langes Stück der Römermauer, die freigelegt worden ist, anschauen. Bis heute sind noch einige Quadermauer-Teile erhalten. Diese Mauer schützte nicht nur die Römer, sondern auch die frühmittelalterliche Stadt. Der Eintritt ist kostenlos und einen kurzen Stopp wert.

DER NEUPFARRPLATZ

Wenn Sie im Zentrum der Altstadt sind, können Sie auch am Neupfarrplatz und der Neupfarrkirche vorbeischauen. Hier schlendern Sie durch enge Gassen und an bunten Häuser vorbei. Bevor hier die Kirche stand, lebte im Jahr 1519 noch jüdische Bevölkerung und der Platz war ein Judenviertel.

1995 bis 1998 fand man bei einer Ausgrabung einen Goldschatz. Es wurden 624 Goldmünzen gefunden. Wenn Sie in der Nähe sind, dann besuchen Sie auch diesen Platz.

Mein Tipp: Gehen Sie in der Neupfarrkirche unbedingt in den Keller, dort können Sie die ausgegrabenen Goldmünzen anschauen.

Sie können auch hier schöne Fotos von den engen Gassen schießen. Es gibt außerdem viele tolle Cafés in den Gassen verteilt. Das *Café ALEX* kann ich Ihnen besonders empfehlen. Es ist für sein leckeres Frühstück bekannt. Sie können bei schlechtem Wetter im Café sitzen oder auch draußen Ihren Kaffee und Kuchen genießen und die tolle Umgebung Regensburgs genießen.

Adresse: Neupfarrplatz 6A,93047 Regensburg

DAS KEPLERHAUS

In der *Keplerstraße 5* finden Sie das Gedächtnishaus des Mathematikers und Astronoms Johannes Kepler. Die mittelalterliche Hausburg konnte 1959 gerade noch gerettet und saniert werden. 1961 wurde daraus ein Museum für den Astronomen gemacht. Das ganze Museum wurde mit den Möbeln von Kepler ausgestattet. Sie werden bei Ihrem Besuch eine lebensgroße Marmorbüste von Kepler finden. Sie ist mit historischen Kupferstichen versehen. Eigentlich war diese Skulptur für die Walhalla gedacht, das wurde aber dann doch umentschieden. Im Kontor wartet auf Sie eine Bibliothek, die Johannes Kepler gehörte. Im Obergeschoss können Sie Wohn- und Schlafräume anschauen. Im Wohnraum befindet sich ein originales Porträt des verstorbenen Kepler. Ein wunderschöner Festsaal befindet sich ebenfalls im Obergeschoss. Hier befinden sich die ganzen Instrumente und Bewegungsmodelle der Planetentheorie. Kepler hat das Gesetz der Planetenbewegung entdeckt.

Dies wurde später das *„Keplersche Gesetz"* genannt.

DIE SCHNUPFTABAKINDUSTRIE

Ein weiterer interessanter Ort ist die Schnupftabakindustrie. Sie finden diese Fabrik in der *Gesandtenstr. 3-5*. Diese können Sie aber nur mit einer Führung besichtigen. Tickets können im „Café Anna" in der Gesandtenstr. 5 gekauft werden.

Den *Gebrüdern Berhard* gehörte diese 800 Jahre alte Industrie. Sie ist die größte Schnupffabrik Deutschlands. Wenn Sie die Schnupftabakfabrik betreten, wird Ihnen als erstes der eigenartige Geruch in der Nase kitzeln. Es konnten 3 originale Räume erhalten werden und gehört damit zu Regensburgs Kulturgeschichte. In den 2 Etagen können Sie die originalen Geräte ansehen, die damals benutzt worden sind. Diese stehen unter Denkmalschutz. Gehen Sie deshalb bitte ordentlich mit den Geräten um. Wenn Sie weiter durch die Räume dieser alten Fabrik gehen, erleben Sie eine Zeitreise in die Vergangenheit. Ihnen wird eine Filmvorführung vorgespielt und Sie können die Produktionsprozesse anschauen. Die Vorführung ist sehr interessant und man lernt viel Neues dazu.

FÜRSTLICHE SCHATZKAMMER THURN UND TAXIS

Auch sehr interessant ist die Schatzkammer, die Sie im *Emmeramsplatz 6* finden. Wenn Sie diesen Platz besuchen, stehen Sie vor einem Gebäude, das *Johannes von Thurn und Taxis* gehörte. Im Jahre 1990 verstarb der Fürst. 1993 kaufte der Freistaat Bayern mit den Erbschaftssteuern das Gebäude und all die Schätze, die sich darin verbergen.

Die 2.200 Objekte hatten einen Schätzwert von 4 Millionen DM. Es sind über drei Jahrhunderte gesammelte Kunstsammlungen. Der Freistaat Bayern entschied sich, ein Museum zu eröffnen, damit auch Leute wie Sie, diese alten Schätze anschauen können. Wenn Sie sich dafür entschieden haben meinen Geheimtipp aufzusuchen, finden Sie in der Schatzkammer Goldschmiedekunst, altes Porzellan, Gläser, Uhren, Möbel und eine Gewehrsammlung. Außerdem wartet die größte Jagdwaffensammlung Deutschlands auf Sie. Wenn Sie also fasziniert von alten Schätzen und Kostbarkeiten sind, ist dies der perfekte Ausflug. Im Erdgeschoss vom Nordflügel befinden sich die Futterkammer und die Sattelkammer. Das Obergeschoss lässt Sie einen Blick in die ehemaligen Arbeitszimmer werfen. Im Nebengebäude befindet sich das Marstallmuseum mit einer beeindruckenden Kutschensammlung. Diese Sammlung ist immer noch Eigentum der Familie Thurn und Taxis.

Die schönsten Museen

Was wäre ein Städtetrip in der Großstadt Regensburg, ohne ein einziges Museum zu besuchen? Regensburg bietet Ihnen eine große Vielfalt an Museen an. In diesem Reiseführer werde ich Ihnen einige vorstellen und wünsche Ihnen jetzt schon ganz viel Spaß.

DOMSCHATZMUSEUM

Das Domschatzmuseum beherbergt historische Räume. Wenn Sie hier einen Besuch abstatten, werden Sie eine ehemalige bischöfliche Residenz und seine Schatzkammerstücke des Mittelalters und der Neuzeit entdecken. Das Museum finden Sie am *Krauterermarkt 3*. Auch Goldschmiedekunst vom 18. Jahrhundert wird in diesem Museum ausgestellt. Der größte und berühmteste Schatz, den es im Domschatzmuseum gibt, ist das *Emailkästchen*. Dieses Meisterwerk entstand im Jahre 1400 in einer Werkstätte der französischen Fürstenhöfe.

Wenn Sie sich nichts unter diesem Emailkästchen vorstellen können, ist das auch nicht schlimm. In dem Museum haben Sie die Möglichkeit, das Kästchen in einer Glasvitrine anzuschauen. Das Besondere dieses Emailkästchens sind die 11.000 eingeschmolzenen Goldsterne, die das Kästchen einfach nur in einen atemberaubenden Glanz erstrahlen lässt. Auf den Außenwänden sind fantastische Fabeltiere von

einhornähnlichen Gestalten bis hin zu Vogelge-
schöpfen bemalt. Auch das weltweit einzige
Schmetterlingsreliquiar das 1310 bis 1320 in
Paris gebaut wurde, befindet sich im Domschatzmuseum. Es wurde in den buntesten Farben bemalt und ist einfach nur bewunderns-
wert.

HAUS DER BAYRISCHEN GESCHICHTE-MUSEUM

Dieses Museum würde es nicht geben, wenn die
Stadt Regensburg nicht für ihre Einwohner ein
Parkhaus hätte bauen wollen. Bei der Ausgrabung sind die Bauarbeiter auf ein Wunder ge-
stoßen. Sie fanden 100 Schätze aus 1.000 Jahren
am *Donaumarkt 1.*

Bayern ist auch ein wichtiger Bestandteil für
die Kultur des Landes, darum entschied sich die
Stadt ein Museum zu bauen. Nachdem das Museum zweimal gebrannt hatte, wurde es dann
endlich am 5. Juni 2019 eröffnet. Wenn Sie sich
fragen, wieso Bayern ein Freistaat wurde oder

was so besonders an Bayern ist, sind Sie in diesem Museum genau richtig.

Das Museum über die bayrische Geschichte hat keine Führungen. Es ist anders als alle anderen Museen aufgebaut, die Sie in Regensburg auffinden werden. Es wurde alles ganz modern gebaut und es befindet sich zu jedem gefundenen Objekt digitale Mediendisplays, aus denen Sie selbst alle Informationen und Details herauslesen können. Das Museum lädt Sie auch an Mitmachstationen ein und Sie können Ihr Wissen testen. Wenn Sie vorhaben dieses Museum zu besuchen, sollten Sie einen ganzen Tag einplanen. Die Zeit wird im Flug vergehen, denn Sie werden hier viel zu sehen und zum Anfassen bekommen.

Sie wollten schon immer einmal ein König oder eine Königin sein? Hier wird Ihr Wunsch wahr. Denn im Haus der bayrischen Geschichte wird es Ihnen ermöglicht, in einem alten königlichen Stuhl zu sitzen. Auch in einen alten königlichen Mantel dürfen Sie schlüpfen. Natürlich

dürfen die Krone und das Zepter auch nicht fehlen! Damit Sie dieses Erlebnis niemals vergessen werden, ist es Ihnen auch erlaubt, ein Foto
zu schießen.

Hinter Schaufenster verriegelt können Sie
die königliche Krone der Königin von Regensburg betrachten. Sie werden fasziniert sein, wie
diese Krone funkelt. Es wird Ihnen noch einiges
mehr geboten. Die ersten Fahrräder, alte Ar-
beitsautos, alles, was sich in neun Generationen
gestapelt hat, werden Sie hier zu Gesicht bekommen. Lassen Sie sich dieses aufregende Erlebnis
für nur 5 Euro pro Person nicht entgehen.

Wenn Sie fertig mit Ihrer Besichtigung sind,
haben Sie sicher viele Gesprächsthemen. Gleich
neben dem Museum gibt es ein Restaurant und
Sie können mit Ihrer Begleitung noch mal alles
neu Gelernte reflektieren.

Schließlich bekommen Sie so viele neue Informationen, die für ordentlichen Redebedarf
sorgen. Hier können Sie es sich drinnen gemütlich machen, oder Sie setzen sich draußen hin

und genießen dabei den Ausblick auf die Donau.

KUNSTFORUM OSTDEUTSCHE GALERIE

Sie interessieren sich auch für Kunst? Auch für Kunstliebhaber hat die Regensburger Stadt ein tolles Museum im Angebot. In der *Dr.-Johann-Maier-Straße 5* wird die moderne Kunst der Region zwischen München und Nürnberg festgehalten. Das Museum ist überhaupt nicht zu übersehen, denn die roten Säulen vor dem Eingang sind gigantisch. Diese sind eine Kreation der tschechischen Künstlerin Magdalena Jetelov'a und lädt Sie in das größte Kunstmuseum im ostbayerischen Raum, spezialisiert auf die Kunstform der ostdeutschen Galerie, ab dem 19. Jahrhundert bis in die Gegenwart ein.

Die Besonderheiten des Kunstmuseums sind die biografischen und inhaltlichen Kunstwerke von verschiedenen Künstlern und zeigen den Bezug zu historischen, deutschen Siedlungsgebieten in Mittel- und Südeuropa. Als

Kunstliebhaber dürfen Sie sich diese Ausstellung nicht entgehen lassen.

DIE WURSTKUCHL

Wenn Sie in Regensburg sind, ist es auch ein absolutes Muss in die älteste Gar- und Wurstküche zu gehen. Sie wird auch *„Wurstkuchl"* genannt und befindet sich in der *Thundorferstraße 3*. Das liegt direkt am Donau-Ufer und in der Nähe von der Steinernen Brücke. Damals war die Wurstkuchl der erste Imbiss in Deutschland, der geöffnet hatte. Schon im 12. Jahrhundert haben hier Arbeiter und Steinmetze gespeist. Familie Schrick-Meier führt seit vielen Generationen diese historische Wurstkuchl. Sie betreiben eine eigene Wursterei und haben die besten Bratwürste weit und breit. An ihre hausgemachten Würste und das hausgemachte Sauerkraut kommt einfach keine Wurstküche heran.

BRÜCKTURM MUSEUM

Der Brückturm ist ein Teil der mittelalterlichen Stadtbefestigungsanlage von Regensburg. Er ist der einzig erhaltene Turm vom 13.-14. Jahrhundert, der an der Steinernen Brücke angebaut ist.

Sie möchten sich die Aussicht auf die Altstadt und die Donau nicht entgehen lassen? Dann buchen Sie sich im Welterbe-Besucherzentrum für nur 2 Euro pro Person ein Ticket. Kinder und Jugendliche bis 18 Jahre zahlen sogar nur 1,50 Euro. Eine Familie darf die unbeschreiblich schöne Aussicht für 4 Euro bestaunen. Wenn Sie sich dazu entschieden haben, solch eine Führung zu buchen, werden Sie den perfekten Blick auf den schnell fließenden Fluss, die Steinerne Brücke und über die Altstadt und die Dächer Regensburgs haben.

Der Brückturm ist auf viele verschiedene Stockwerke aufgeteilt. Sie werden durch alle hindurchgeführt. Durch unterschiedliche Modelle, Texte und Illustrationen bekommen Sie verschiedene Aspekte der Geschichte von einem

Reiseführer erzählt. Das Beste kommt wie immer am Schluss! Sie haben einen exklusiven Einblick in das Turmuhrenwerk. Sie werden beeindruckt sein und es nicht bereuen, diese Führung gebucht zu haben!

DONAU-SCHIFFFAHRTS-MUSEUM

Einen auch etwas anderen Museumsbesuch bietet Ihnen das Donau-Schifffahrts-Museum Regensburg an. Denn hier haben Sie keinen festen Boden unter sich.

Sicher fragen Sie sich jetzt, wie das funktionieren soll. Ganz einfach – das ganze Museum findet an Bord statt! Für 3 Euro pro Person und Kinder für 2 Euro können Sie an Bord gehen und dabei zwei historische Donauschiffe besichtigen.

Bei diesem etwas anderen Ausflug, bekommen Sie einen Einblick in die Geschichte der Schifffahrt und der Donau im deutschsprachigen Raum ermöglicht. Eines davon ist ein Radzugdampfer des Baujahrs 1922 bis 1923 und ein

Motorzugschiff vom Baujahr 1943. Natürlich sind die beiden Schiffe leider nicht mehr komplett in ihrem ursprünglichen Zustand, aber es wurde alles in mühevoller Kleinarbeit renoviert. Zu unserem Glück konnten viele Originalräume erhalten bleiben. Durch Dioramen, Modelle und Schautafeln bekommen Sie auf den Dampfern einen großen Einblick in die Schifffahrt geboten. Wenn Sie sich für Schiffe interessieren, ist es auf jeden Fall einen Ausflug wert.

Insider-Tipps zum Thema Essen

Im Urlaub möchte man sich auch mal verwöhnen lassen und Leckereien essen. Sie wissen aber nicht, wo Sie hingehen sollen? Kein Problem! Ich habe Ihnen hier ein paar leckere und empfehlenswerte Restaurants und Cafés zusammengeschrieben.

DAS BESTE EIS IN REGENSBURG

Wenn Sie im Herzen der Stadt, am Bismarck-platz, angekommen sind, können Sie einen schö-nen Spaziergang machen. Hier können Sie den großen Brunnen vor dem Stadttheater an-schauen. Was denken Sie, macht diesen Ausflug jetzt noch perfekt? Richtig! Das beste Regens-burger Eis zu naschen. Die Eisdiele „Stenz" hat immer selbst gemachtes und einzigartiges Eis. Sie müssen manchmal in einer etwas längeren Warteschlange anstehen, aber das bestätigt nur meine Empfehlung. Es lohnt sich also wirklich, wenn man schon einmal in der Nähe ist, hier ei-nen Besuch abzustatten. Man muss so ein lecke-res Eis gegessen haben, wenn man schon Urlaub in Regensburg macht!

Adresse: Bismarckplatz 9, Stenz Eis bei Facebook

DER BESTE MEXIKANER DER STADT

Wenn Sie gerne mexikanisch Essen, habe ich auch hier ein echt tolles Restaurant zu empfehlen. Sie finden es in der *Furtmayrstraße 3* und es heißt *Margaritas.* Es ist nicht nur ein einfaches mexikanisches Restaurant – Nein! Es ist ein modernes Restaurant mit einer großen Cocktailbar. Durch ihren tollen Charme fühlt man sich ab der ersten Sekunde sofort pudelwohl. Im Hintergrund können Sie angenehme, mexikanische Musik hören, die Sie zum Mitsingen einlädt. Das Margaritas bietet Ihnen nicht nur mexikanische Essen, sondern auch Burger und Steaks an. An einem schönen sonnigen Abend können Sie sich auch raus auf die Terrasse setzen, gemütlich einen Cocktail schlürfen und den Tag Revue passieren lassen.

DAS EIGENARTIGSTE CAFÉ REGENSBURGS

Ich glaube, es ist nicht nur das eigenartigste Café in Regensburg, sondern auch das eigenartigste Café weit und breit.

Der *Katzentempel Regensburg.* Hier essen Sie nicht alleine, sondern bekommen Gesellschaft von mehreren Wollknäueln. Ja richtig gelesen! In der *Obermünsterstraße 19* ist ein Katzenparadies. Hier können Sie mit den lieben verschmusten Katzen Frühstücken oder Mittag- und Abendessen. Die Katzen waren früher in Tierheimen oder Tierschutzorganisationen untergebracht. Der Katzentempel hat den Katzen ein neues zu Hause geschenkt. Die Vierbeiner warten schon sehnlichst auf Ihren Besuch und auf eine ordentliche Schmuseeinheit. Ich rate Ihnen natürlich ab, dieses Café zu besuchen, wenn Sie gegen Katzenhaare allergisch sind.

Das Café ist ein totaler Hit in Regensburg und wird sehr gerne besucht. Die vielen Katzen sind natürlich nicht alles. Das Essen muss ja schließlich auch schmecken. Aber auch hier bekommt das Katzencafé super Bewertungen. Es wird Ihnen leckeres, veganes Essen angeboten und das Personal ist superfreundlich. Wenn Sie also Lust auf eine kleine Kuscheltour haben, besuchen sie die lieben Kätzchen.

DIE KUCHENBAR

Die *Kuchenbar* finden Sie am Prottzenweiher 1 in der Stadt Regensburg. In der Großstadt gibt es 34 Kaffee- und Teehäuser verteilt. Die Kuchenbar landete aber als einziges auf den ersten Platz. Sie hat ihren Platz mit voller Bravour verdient, denn es gibt hier die leckersten und außer-gewöhnlichsten Kuchen und Törtchen der Stadt. Auch ihr liebevoll dekorierter Kaffee kommt immer gut an. Die Kuchenbar hat noch mehr als Kaffee und Kuchen zu bieten. Sie können hier auch lecker frühstücken oder brunchen. Auch eine große Auswahl für die Vegetarier unter uns ist geboten.

Ausflüge in der Natur

In Regensburg gibt es nicht nur besonders staunenswerte Sehenswürdigkeiten, es gibt auch wunderschöne Plätze in der Natur, die Sie besuchen können.

NEPAL HIMALAYA PAVILLION-WIESENT

Es gibt einen buddhistischen Tempel im Land-kreis Regensburg, der mehrere Hektar groß ist. Ein Ort zum Entspannen, aber auch für wunder-schöne Bilder und Fotos geeignet.

Der Tempel befindet sich 25 km östlich von Regensburg entfernt in der *Martinsplatte, 93109 Wiesent*. Alles wurde in *nepalesische*r Baukunst und mit ganz viel Liebe zu Details gebaut. Sie können auf dem Gelände schöne Spaziergänge machen und den Duft von wunderschönen Wildstauden genießen. Es blühen überall Blu-men in den unterschiedlichsten Farben. Wenn Sie sich genau umschauen, finden Sie viele ver-steckte Buddha-Figuren. Es werden Ihnen auf dem ganzen Gelände verteilt, mehrere Sitzmög-lichkeiten zum Ausruhen angeboten. Hier kön-nen Sie sich von Ihren Ausflügen in der Stadt Re-gensburg erholen und einfach die wunder-schöne Natur genießen.

Wenn Sie an dem Kräutergarten

entlanggelaufen sind, kommen Sie beim Tempel an. Der Tempel ist unfassbar schön und toll geschmückt. Sie können die Stufen zum Tempel auch hochgehen und das Gelände rundherum begutachten.

Neben dem Tempel gibt es einen Souvenirshop. Hier können Sie sich Räucherstäbchen, Schlüsselanhänger oder selbst getöpferte Vasen kaufen. So haben Sie auch Zuhause ein Andenken, an Ihren tollen Ausflug im buddhistischen Tempel. Natürlich können Sie auch Ihren Liebsten eine kleine Überraschung mitbringen.

Wenn Sie Glück haben, können Sie sogar neben dem Shop Buddhisten auffinden. Sie arbeiten in dem Tempel auf einem kleinen Podest. Sie bieten Ihnen kleine Bambushocker an und Sie können sich darauf setzen und ihnen zuschauen, wie sie Vasen oder andere Sachen töpfern. Nehmen Sie Platz und genießen Sie die Show.

Es gibt in dem Tempel auch ein kleines Teehaus, in dem Sie eine Pause vom Ausflug machen können. Sie können auch ein Eis essen oder einfach nur ein kühles Getränk zu sich nehmen. Es werden Ihnen lauter tolle Attraktionen geboten und es ist ein tolles Erlebnis für Groß und Klein.

AUSFLUG AM STADTAMHOF STADTTEIL

Sie möchten einfach mal die schöne Natur in Regensburg genießen? Dann habe ich hier noch einen tollen Ort für Sie. Gehen Sie am *Stadtamhof* spazieren. Hier können Sie auch tolle Erinnerungsfotos festhalten.

Das Besondere an diesem Stadtteil sind die vielen aneinandergereihten bunten Häuser im mittelalterlichen Stil. Stadtamhof und die Altstadt gehören seit 2006 zum UNESCO-Weltkulturerbe. Rund um die Altstadt gibt es noch gut erhaltene Teile der römischen Mauer. Gehen Sie doch einfach rund herum und genießen Sie den Anblick. Das Haupttor des ehemaligen Militärlagers, die „Porta Preatoria", befindet sich ebenfalls in der Nähe.

> **Mein Tipp**: In *Stadtamhof* gibt es auch ein nettes Café. Dort gibt es ausgefallene Kuchen und leckeren Kaffee. Einem kurzen Zwischenstopp steht hier nichts im Wege.
>
> *Adresse: An der Schierstadt1, Schierstadt Café*

BALLONFAHRT ÜBER REGENSBURG

Sie denken, Sie haben schon alles von Regensburg gesehen? Da liegen Sie aber falsch. Die perfekte Krönung Ihrer Reise ist eine Sightseeingtour. Denn so haben Sie die einzigartige Chance das UNESCO-Weltkulturerbe von oben, und somit aus einem anderen Blickwinkel, zu begutachten. Natürlich muss auch die Wetterlage mitspielen. Je nach Wetter erreichen Sie später eine Höhe von 1000 Meter bis 3000 Meter. Voraussetzung, dass Sie bei so einer Ballonfahrt mitfahren dürfen, ist ein Mindestalter von 12 Jahren und eine Mindestgröße von 1,30 Meter. Sie dürfen auch nicht schwanger sein und maximal ein Gewicht von 110 Kilo haben.

Wenn Sie vorhaben so eine Ballonfahrt zu buchen, müssen Sie mit 209 Euro pro Person rechnen. Wenn man diese Summe das erste Mal ausspricht, hört sich das nach ganz schön viel Geld an. Wenn Sie aber einmal in der Luft sind und die ganze Landschaft Regensburgs sehen, ist es das Geld wert. Sie fliegen über kleine Weiher und Seen und die reizenden Städte entlang der schnell fließenden Donau.

Es wird für Sie ein unglaublich aufregender Ausflug sein und Sie müssen auch selbst mit anpacken, damit die Ballonfahrt losgehen kann. Natürlich bekommen Sie vom Ballonpiloten eine fachkundige Einweisung und er beantwortet alle Ihre Fragen gerne. Wenn Sie alles verstanden haben, wird die Hülle des Ballons zusammen ausgebreitet und der Pilot betätigt einen Brenner. Nun füllt sich die Hülle langsam mit heißer Luft und Ihr Abenteuer kann bald losgehen.

Nachdem Sie in den Ballonkorb eingestiegen sind und Ihre Fahrt gestartet hat, können Sie den wundervollen Ausblick auf die Stadt Regensburg genießen.

Nun sehen Sie das Stadtzentrum, den St. Peter Dom und die Steinerne Brücke, die Sie bei Ihren Ausflügen davor von unten gesehen haben, auch von oben.

Auch die Walhalla können Sie jetzt von einer anderen Perspektive betrachten. Bei Ihrem Besuch konnten Sie über das Donautal schauen und die Walhalla in voller Pracht bestaunen.

Wahnsinn, was für eine unglaubliche Aussicht auf Sie wartet.

Ihre Ballonfahrt hat eine Dauer von 60 bis 90 Minuten, und je nach Wetterlage und Windstärke legen Sie 30 Kilometer zurück.

Bei Ihrer Ballonfahrt sehen Sie nicht nur die Großstadt Regensburg und ihre wunderschöne Natur. Sie können auch den Bayerwald sehen und bei klarem Wetter ohne Wolken sehen sie sogar bis nach München. Auch die Alpen können

Sie sehen und das ergibt im Ganzen ein wundervolles Panorama. Vergessen Sie vor lauter Staunen auf keinen Fall alles mit einer Kamera aufzunehmen.

Leider ist auch irgendwann die Zeit vorbei und der Pilot sucht einen geeigneten Ort zum Landen. Wenn Sie wieder festen Boden unter den Füßen haben, werden Sie mit Sekt empfangen und die Ballonfahrertaufe beginnt. Sie erhalten sogar eine Urkunde für Ihren Rundflug. Lassen Sie sich auf keinen Fall diese unvergessliche Ballonfahrt entgehen.

SCHIFFFAHRT

Können Sie sich noch an meinen Tipp der Gedenkstätte Walhalla erinnern? Dort habe ich Ihnen vorgeschlagen eine Schifffahrt mit Ihrem Ausflug zu verbinden. Regensburg bietet Ihnen nicht nur auf die Walhalla eine traumhaft schöne Bootsfahrt an.

Die Regensburger Kristallflotte bietet Ihnen viele weitere Schifffahrten an. Da gibt es auch ein Schiff, das sich die *Kristallkönigin* nennt und 325 Innenplätze hat. Was das Besondere an diesem Schiff ist? Ihre funkelnde Kristalltreppe. Diese Treppe wurde mit Millionen echten Swarovskikristallen geschmückt. Sie werden aus dem Staunen und ohne ein Foto sicher nicht daran vorbeikommen. Und als wäre das noch nicht genug, wartet schon ein weiteres Highlight auf Sie: die Rumpf- und Schatzkammer.

Wenn Sie mit der Kristallkönigin eine Schifffahrt machen, fühlen Sie sich selber wie eine Königin oder ein König. Sie können sich ein 4-Gänge-Menü dazu buchen und werden von den Mitarbeitern mit himmlisch leckeren Gerichten verwöhnt. Die *Kristallprinzessin* ist genauso aufgebaut, wie die Kristallkönigin, nur ist dieses Schiff, wie es Ihr Name verrät, mit 140 Innenplätzen etwas kleiner. Sie besitzt auch keine Rumpf- oder Schatzkammer.

Regensburg bietet Ihnen auch eine Sightseeingtour auf der Donau an. Die „Historische Strudelrundfahrt" findet von April bis Oktober mehrmals täglich, mit dem „*Bruckmadl*" Schiff statt. Über die Bordlautsprecher werden Ihnen in einer 45-minütigen Stadtrundfahrt interessante Informationen zur Stadt und Geschichte erzählt. Wenn Sie gerne Schiff fahren, dann dürfen Sie sich diese Schifffahrt nicht entgehen lassen. Für leckeren Kuchen und Kaffee ist an Deck auch gesorgt. Natürlich können Sie auch ein kühles Getränk bestellen.

Die Regensburger Donauschiffe haben außerdem auch noch viele weitere Themenfahrten im Angebot. Zum Beispiel gibt es noch die *Sonntags-Buffetfahrt* oder *die Kristallzauber*-Fahrt.

Die Kristallzauberfahrt kann ich Ihnen auch nur dringendst empfehlen. Da diese Schifffahrt eine romantische Abendschifffahrt ist, findet sie von 19 Uhr bis 23 Uhr statt. Der Fahrpreis beträgt 49,50 € pro Person und Sie erhalten ein Galabuffet inklusive dazu. Auch hier bekommen Sie viel für Ihr Geld geboten. Im Herzen des Schiffes wurden überall Swarovski-Elemente eingebaut. Alles glitzert von den Kristallen, dem

Glas und dem zusammenpassenden Licht. Es ist einfach eine wunderschöne, unvergessliche Schifffahrt, an die Sie sich noch sehr lange erinnern werden. So einen schönen Anblick vergisst man nicht so schnell!

Um noch mehr Romantik in den Raum zu werfen, spielt eine Live-Band im Hintergrund. Es wird auch auf Ihre Musikwünsche einge-gangen und Tanzmusik gespielt. Die Tanzfläche bietet Ihnen Platz, um Ihr Tanzbein schwingen zu lassen.

Wenn Sie eine Schifffahrt angesprochen hat, können Sie Tickets für die ausgewählte Schifffahrt bei der *Donauschifffahrt Wurm & Noé* in der *Thundorferstraße 6* kaufen.

Ausflüge bei schlechtem Wetter

L eider kann es auch passieren, dass Sie in Regensburg sind und das Wetter nicht für einen Städtetrip mitspielt. Aber keine Sorge, es gibt auch andere tolle Aktivitäten, die Sie in der Großstadt unternehmen können.

DONAU EINKAUFZENTRUM

Ein entspannter Shopping-Tag bietet Ihnen das Donau Einkaufzentrum, oder abgekürzt DEZ. Das Gebäude liegt im nördlichen Teil Regensburgs und wurde 1967 gebaut. Damals war es das erste zweistöckige, voll klimatisierte Einkaufszentrum Europas und das erste große Einkaufszentrum Bayerns. Bis heute ist es noch eines der größten deutschen Einkaufszentren.

Hier können Sie auf 55.000 Quadratmetern und in 135 Geschäften richtig in Shopping-Laune verfallen.

Um einen Parkplatz brauchen Sie sich auch keine Sorgen zu machen. Es sind auf drei Parkplätze 3.000 kostenlose Plätze verteilt. Neben der Altstadt ist das Donau Einkaufzentrum eines der wichtigsten Einzelhandelsstandorte in Regensburg.

Das DEZ ist nicht nur ein wahres Shopping-Paradies, es ist auch mit sieben großformatigen Werken des Malers *Willi Ulfig* ausgestattet.

Für die kleineren Besucher lässt sich das

Donau Einkaufzentrum immer wieder etwas einfallen. Zur Weihnachtszeit wird für sie eine große Krippe aufgestellt und sie können mit einem Zug durch das Weihnachtstal fahren. Was gibt es Schöneres als strahlend, leuchtende Kinderaugen?!

Auch eine Rutsche wurde in das Donau Einkaufszentrum eingebaut. Kinder ab 3 Jahren dürfen diese Rutsche benutzen, wenn sie von der zweiten Etage in die erste möchten. Da macht auch den Kindern das Einkaufen Spaß.

Aber auch für Kunstliebhaber gibt es immer wieder neue Kunstvorstellungen im Herzen des Einkaufszentrums.

REGENSBURGER ARCADEN

In den Regensburger Arcarden erwartet Sie ein riesengroßes Einkaufscenter. Auf zwei Ebenen mit insgesamt 30.000 Quadratmeter befinden sich 95 Geschäfte.

Die Fußgängerbrücke verbindet die Arcaden direkt mit dem Bahnhof Regensburgs. Für die Autofahrer unter uns stehen 1.500 Parkplätze zur Verfügung. Kundenservice wird in diesem Einkaufscenter großgeschrieben. Sie stellen kostenloses WLAN, eine Elektroauto-Ladestation, etliche WC-Anlagen und Babywickelräume zur Verfügung.

Seit dem 15. Juni 2019 wurde das Parkhaus im Parkdeck 3 in die *Arcaden Beach Regensburg* umfunktioniert. Mit echtem Sand, Liegestühlen und Loungebetten kommt ein richtiges Strandfeeling auf. Es werden Ihnen exotische Cocktails und kühle Getränke angeboten. Die Mitarbeiter strahlen brasilianische Lebensfreude aus und Sie sind nicht nur in Regensburg, sondern auch in einem Strandurlaub angekommen.

Ein weiteres Highlight ist das Open Air Kino. Hier können Sie nach einem Städtetrip oder einem langen Einkaufstag den Klassiker *Casablanca* ansehen. Natürlich ist dies nicht der einzige Film, der geboten wird.

Das Arcaden Beach Regensburg ist Sonntag bis Donnerstag von 14 Uhr bis 22 Uhr geöffnet. Freitag und Samstag von 12 Uhr bis 24 Uhr.

DONAU ARENA

Die Donau Arena vom Stadtwerk wurde 1999 gebaut. Das Stadion befindet sich im Osten Regensburgs, in der *Walhalla Allee.* Wenn Sie mit dem Auto dort hinfahren möchten, gibt es 1.020 kostenpflichtige Parkplätze oder nebenan einen kostenlosen großen Parkplatz. Wenn Sie mit der Bahn, dem Zug oder dem Bus angereist sind, ist es auch gar kein Problem zur Donau Arena zu kommen. Mit einem öffentlichen RVV Bus kommen Sie mit der 5-Linie an der Haltestelle Gewerbepark an. Es geht auch ein Bus mit der D-Linie vom Regensburger Hauptbahnhof, der Sie direkt zur Arena bringt.

Was erwartet Sie in der Donau Arena? Die Donau Arena ist eine Multifunktionshalle. Anfangs war es ein Eisstadion für die Eishockeyoberliga EV Regensburg. Jetzt finden aber auch viele verschiedene Veranstaltungen, Messen oder Konzerte statt. Wie das alles in einem Eisstadion funktionieren soll? Ganz einfach. In der Donau Arena kann der Boden immer wieder verändert werden. Es kann eine Eisfläche, ein Parkett oder ein einfacher PVC-Boden eingesetzt werden. Auch die Bühne, die Bestuhlung und das Rigging ist veränderbar.

Am 23. April 1999 wurde die Halle mit einem Konzert von Bruce Springsteen eröffnet. Am 5. Dezember 1999 war die Arena das erste Mal bei einem Eishockey Spiel der Regensburger Oberliga ausverkauft. Erst viele Jahre später, am 10. Januar 2010 wurden die Halle für eine Handballnationalmannschaft benutzt.

Die DonauArena, wird immer wieder neu renoviert, sodass mehr Räume und Abtrennungen für Konzerte entstehen. Bald soll auch ein eigenes Kassenhäuschen dazu gebaut werden.

Das Gebäude hat jetzt schon eine Grundfläche von 10.610 Quadratmetern, darunter befinden sich auch einige Umkleidekabinen und ein kostenloser Schlittschuhverleih. Diese können Sie nutzen, um selber in der Arena Schlittschuh laufen zu können. Manchmal gibt es auch eine Eisdisco. Die Eis-Arena wird dann mit bunten Lichtern beleuchtet und mit Partymusik bespielt. Es wird sicher ein lustiger Ausflug für die ganze Familie.

INDOORSPIELPLATZ – GHUPFT WIA GSPRUNGA

Wenn Sie das Ghupft wia Gsprunga besuchen, werden nicht nur Ihre Kinder ein echt tolles Erlebnis haben, sondern auch Sie als Eltern. Hier können Kinder Abenteuer erleben, Herausforderungen meistern und neue Sinneseindrücke gewinnen. Das Kinderparadies finden Sie in der *Goldthalstraße 8* in *93077 Bad Abbach*. Es ist 13 km von Regensburg entfernt und ist über die B 16 zu erreichen.

Auf Ihre Familie wartet eine einzigartige Abenteuerwelt mit außergewöhnlichen Sinnes-

und Erlebnisräumen. In dem 2.500 Quadratmeter großen Indoorspielplatz kann geklettert und gerutscht werden. Es gibt auch noch einiges andere zum Bestaunen. Auf Ihre Kleinsten wartet ein Abenteuerberg, ein Bällebad, ein Kleinkinderbereich, eine Hüpfburg, viele Fahrspaßmöglichkeiten, eine Sporthalle, ein Zauberberg, viele Trampoline und ein großes Klettergerüst. Wenn Sie diesen Indoorspielplatz aufsuchen, sollten Sie Stoppersocken mitbringen. Sie haben aber keine auf Ihre Reise mitgenommen oder zuhause vergessen? Das ist überhaupt kein Problem! Für 2 Euro können Sie welche an der Kasse kaufen. So viel Abenteuer und Getobe macht sehr hungrig und durstig. Auch hier hat sich das Ghupft wia Gsprunga was Tolles einfallen lassen, und zwar ein eigenes Restaurant. Mit den familienfreundlichen Preisen und der großen Auswahl an Essen und Trinken ist für Ihre ganze Familie etwas dabei.

ESCAPE ROOM

Können Sie sich etwas unter einem Escape Room vorstellen? Nein? Dann erkläre ich Ihnen kurz, um was es in einem Escape Room überhaupt geht.

Es ist ein Spiel, bei dem ein Team von Spielern mehrere Räume durchqueren muss. Hinter diesen Türen liegen Rätsel bereit, die Sie lösen müssen, um weiterzukommen. Sie haben allerdings nur eine bestimmte Zeit zur Verfügung.

Es ist ein richtig cooles Spiel, das aus dem Englischen kommt. Wollen Sie sich auch in so ein Abenteuer stürzen? Dann sind Sie hier genau richtig, denn auch hier in Regensburg gibt es Escape Rooms. Es gibt das **Challenge Room UG – Escape Room Regensburg** am *Dachauplatz 8.*

Es ist ein paranormales Abenteuer. Das Escape-Abenteuer erfordert hohe Aufmerksamkeit und gute Teamarbeit. Denn Sie werden durch ein Verbrechen in eine Gefängniszelle eingesperrt. Sie haben genau 60 Minuten Zeit einen Fluchtweg zu finden. Dabei müssen Sie allerhand Rätsel knacken, manchmal um die Ecke denken, vieles ausprobieren oder Sachen kombinieren. Es gibt aber Voraussetzungen. Alle Teammitglieder müssen ein Mindestalter von 14 Jahren haben und psychische Belastung aushalten können. Sie erfüllen all diese Kriterien? Sie haben Lust auf einen spannenden Abenteuerausflug? Dann buchen Sie am besten jetzt schon auf der Homepage von *Challenge Room Regensburg* einen Termin.

LASERTAG

Sie haben Lust auf Sport, Spiel, Spaß und Action? Dann besuchen Sie **Laser Circus Lasertag Regensburg** in der *Dieselstraße 7.*

Die Lasertag Arena Regensburg ist gut mit dem Auto erreichbar. Sie können natürlich auch mit dem Bus oder der Bahn fahren.

Lasertag wird in einer Gruppe gespielt. Sie können entscheiden, ob Sie alle gegeneinander spielen oder einen speziellen Spielmodus spielen möchten. Bevor Sie mit dem Spielen anfangen können, bekommt Sie in eine Weste und einen Phaser ausgeliehen.

Sie erzielen Punkte, wenn Sie mit dem Laser Ihren Gegner treffen. Die Treffer werden automatisch gespeichert. In der Space Lounge können Sie sich nach einem aufregenden Spiel ausruhen. Gespielt werden kann aber erst mit Begleitung eines Erziehungsberechtigten ab 12 Jahre. Zwischen 14 und 16 Jahre reicht auch eine Einverständniserklärung aus. Ein Spiel dauert 15 Minuten und kostet 8,00 Euro.

WESTBAD REGENSBURG

Haben Sie Lust im Urlaub einfach mal schwimmen zu gehen? Egal ob bei schlechtem oder gutem Wetter, im *Stadtwerk Westbad* können Sie sich einen entspannten Badetag machen. Das Freizeitbad befindet sich in der *Messerschmittstraße 4,* das liegt im Westenviertel der Stadt Regensburg. Pro Jahr besuchen etwa 600.000 Badegäste das Schwimmbad. Das Regensburger Westbad besitzt ein quadratisches, pyramiden-

förmiges Dach mit einer Brettschichtholzkon-
struktion. Wenn Sie im Innenbereich sind, fällt
Ihnen das sofort auf. Es gibt aber nicht nur einen
Innenbereich der 1597 Quadratmeter umfasst,
sondern auch einen Außenbereich mit 1875
Quadratmetern. Die Badehalle Regensburg besitzt auch ein überdachtes Sportbecken. Dieses
wird von mehreren Regensburger Sportverei-
nen genutzt und ist wettkampftauglich.

Es gibt auch ein Wellenbecken. Ein Thermal-
becken innen und außen steht Ihnen auch zur
Verfügung. Ebenfalls gibt es für die kleinen Besucher im Innenbereich und im Außenbereich
Planschbecken. Ein Springerbecken mit Sprung-
turm und Rutschen dürfen natürlich auch nicht
fehlen. Im Sommer können Sie es sich auf einer
50.000 Quadratmeter großen Liegewiese bequem machen.

Sie lieben es in die Sauna zu gehen? Auch dafür hat das Westbad Regensburg eine Möglichkeit. Im Innenbereich ist der Saunabereich 1200
Quadratmeter groß und im Außenbereich sogar

ganze 5000 Quadratmeter. Als Saunaliebhaber wird hier Ihr Herz durch die vielen Saunamöglichkeiten höherschlagen. Es werden Ihnen finnische Saunen, Panoramasauna, Softsauna, Variosauna und Kelo-Außensauna angeboten. Zu guter Letzt steht Ihnen auch noch ein Dampfbad zur Verfügung.

Wer kennt es nicht? Kaum im Schwimmbad angekommen, knurrt einem der Magen. Auch hier im Westbad Regensburg bekommen Sie viele Gerichte und Getränke angeboten. Folgen Sie einfach dem leckeren Pommesduft. Der führt Sie in den Innenbereich ins eigene Restaurant. Lassen Sie es sich schmecken!

CINEMAXX REGENSBURG

Sie sind gerade in Ihrem Urlaub in Regensburg und Ihr neuer Lieblingsfilm würde im Kino laufen? Keine Panik, Sie müssen deshalb nicht Ihren Städtetrip absagen!

Was wäre eine Großstadt ohne Kino? In der *Friedenstraße 25* finden Sie das CinemaxX Kino

Regensburg. Das Kino gibt es schon seit dem 3. Dezember 1998. Sicher kommt Ihnen diese Adresse schon bekannt vor, denn genau daneben befindet sich die Regensburger Arcaden. Sie können bei Ihrem Kinobesuch das Parkhaus benutzen.

Das Kino ist riesig. Was besonders auffällig ist, sind die großen Glasfenster vom Kinogebäude. Sie können Ihre Tickets online bestellen oder ganz normal am Schalter kaufen. Sie sind viel zu früh dran? Auch gar kein Problem, denn das Kino hat eine große Lounge mit gemütlichen Sitzgelegenheiten. Das CinemaxX Kino Regensburg war einer der ersten Kinos, in dem man 3-D Filme schauen konnte.

Mein absoluter Geheimtipp

Zu guter Letzt möchte ich Ihnen noch meinen absoluten Geheimtipp verraten. Jedes Jahr gibt es ein Gutscheinbuch von der Stadt Regensburg zu kaufen. Wenn Sie einen längeren Aufenthalt planen oder Ihnen die Stadt so gut gefällt, dass Sie nicht nur einmal im Jahr hier Urlaub machen möchten, können Sie sich überlegen, dieses Gutscheinbuch zu kaufen.

Durch dieses Buch können Sie sehr viel Geld sparen. Es enthält Gutscheine für viele Museen, Restaurants, Geschäfte, Cafés, Schwimmbäder und vieles mehr.

Es lohnt sich wirklich für Sie, sich so ein Gutscheinbuch zuzulegen. Es gibt eigentlich für alle Tipps, die Sie hier in meinem Reiseführer lesen konnten, einen passenden Gutschein.

Schönen Aufenthalt in Regensburg

Ich hoffe, ich konnte Ihnen einiges Neues über die Großstadt Regensburg verraten, das Sie noch nicht gewusst haben. Ich wünsche Ihnen von ganzem Herzen viel Spaß auf Ihrer Reise. Genießen Sie Ihren Urlaub und haben Sie einen unbeschreiblich schönen und aufregenden Aufenthalt in Regensburg.

Packliste

Geld & Finanzen

O (evtl.) Auslandswährung
O Bargeld
O Bauchtasche
O Brustbeutel
O Bauchtasche
O EC-Karte
O Kreditkarte
O Notfall-Telefonnummern der Banken
O Portmonee

Hygiene

O Haarbürste / Kamm
O Deo (klein)
O Shampoo
O Kulturtasche
O Sonnencreme
O Taschentücher

O Reise-Zahnbürste und Zahnpasta
O Verhütungsmittel

Kleidung

O Badeklamotten
O Gürtel
O Hosen kurz / lang
O Mütze / Cap / Hut
O Pullover
O Regenjacke
O Schlafanzug
O Socken
O Sonnenbrille
O Sportklamotten / Jogginghose
O T-Shirts
O Unterwäsche

Medikamente

O Blasenpflaster
O Anti-Durchfalltabletten
O Erste-Hilfe-Set

O Fiebertabletten

O Fiebertabletten

O Mückenschutz

O sonstige Medikamente

O Pflaster

O Kopfschmerztabletten

<u>Unterlagen & Papiere</u>

O ADAC Unterlagen

O Adresslisten für Postkarten

O Krankversicherungsnachweis

O Stadtplan

O Führerschein

O Unterlagen für die Unterkunft

O Wasserdichte Hülle für Reiseunterlagen

O Impfausweis

O Mietwagenunterlagen

O Personalausweis

O Reisepass

O Reisetagebuch

O evtl. Studentenausweis

O evtl. Visum
O Zug- / Bahn- / Flugticket

Taschen & Rucksäcke

O Koffer / Trolley / Reisetasche
O Regenhülle für Rucksack
O Rucksack

Schuhe

O Badeschlappen / Hausschuhe
O Schuhe und Wechselschuhe

Sonstiges

O Brille / Kontaktlinsen und Etui
O Buch zum Lesen
O Ohrenstöpsel und Schlafmaske
O Regenschirm
O Reisedecke
O Wasserflasche
O Wörterbuch

Elektronik

O Digitalkamera

O Handy

O Ladekabel

O Kopfhörer

O evtl. Steckdosenadapter

O Power-Bank

Herstellung und Verlag:

BoD – Books on Demand, Norderstedt

ISBN: 9783751969406

© Mareike Blumberg 2020

1. Auflage

Kontakt: Psiana eCom UG/ Berumer Str. 44/ 26844 Jemgum

Covergestaltung: Fenna Larsson

Coverfoto: depositphotos.com